Kynos Pets: Katzen

Inhalt

Einleitung

Katzen leben zumindest schon seit 4.000 Jahren an der Seite des Menschen. Ursprünglich wurde ihre Domestikation durch die alten Ägypter betrieben. Sie entwickelten große Geschicklichkeiten in der Landwirtschaft, brauchten dringend Hilfe zur Kontrolle der riesigen Anzahl von Nagern, die ihre Getreidevorräte plünderten.

Gerade die Tatsache, daß Katzen ursprünglich aufgrund ihrer Geschicklichtkeit bei der Jagd zum Haustier wurden, sollten sich alle Katzenbesitzer vor Augen halten, wenn sie schockiert sind, weil sie ihren liebenswerten Gefährten plötzlich beim Töten von Vögeln und Nagern überraschen. Für die alten Ägypter jedenfalls waren Katzen so wichtig, daß sie zeitweise wie Gottheiten verehrt wurden.

Das Schicksal der Katze hat ihr gute und schlechte Zeiten bereitet. Aufgrund ihrer vermeintlichen engen Verbindung mit Hexen im europäischen Mittelalter wurden sie gequält und getötet. Rund um die Katze entwickelte sich immer viel Aberglauben. Aber heutzutage ist die Katze unter den Haustieren unsere Nummer Eins - wurde das populärste Haustier.

Heute ist die Katze unser populärstes Haustier.

Die anpassungsfähige Katze

Ihre Popularität hat die Katze wohl verdient - denn sie paßt sich nahezu perfekt jedem unserer modernen Lebensstile an. In Städten gehaltene Katzen sollte man nach Möglichkeit im Haus halten, in den Vorstädten und auf dem Land genießen sie aber das freie Umherstreifen. Wenn in vielen Familien beide Eltern tagsüber zur Arbeit gehen, kann eine Katze - besser zwei Katzen - über mehrere Stunden unbesorgt sich selbst überlassen bleiben, sie kommt zurecht. Hunde dagegen brauchen sehr viel mehr menschliche Gesellschaft. Natürlich wird eine Jungkatze oder ein im Haus eingesperrtes Tier von seinen Besitzern mehr abhängig sein als eine ausgewachsene Katze, die sich jederzeit der Katzenklappe bedienen kann.

Verantwortung

Trotz der weitgehenden Unabhängigkeit der Katze darf man niemals leichtfertig die Verantwortung für ein lebendes Haustier übernehmen. Ehe Du Dir eine Katze ins Haus holst, solltest Du genau überlegen, ob Du die notwendige Zeit, Geduld und das Geld besitzt, um sie richtig zu betreuen. Die Fütterungskosten liegen bei Katzen nicht hoch, aber auch wenn Du nicht da bist, mußt Du für ihre Pflege sorgen. Tierarztkosten stehen ins Haus, sowohl für die vorbeugende Pflege wie auch dann, wenn einmal etwas unglücklich ausgeht.

WUSSTEST DU?

Towser, eine weibliche Schildpattkatze, wurde im April 1963 geboren. Sie lebte bei dem für die Schädlingsbekämpfung verantwortlichen Mitarbeiter der Glenturret Distillery in Crieff in Schottland. Durchschnittlich fing sie täglich drei Mäuse, erzielte eine geschätzte Gesamtbeute von 28.899 Mäusen, ehe sie im März 1987 starb. Es gibt ein Gerücht, daß die Mäuse in Crieff eine Party abhielten, um ihr Dahinscheiden zu feiern.

Beste Freunde: Eule und Pussycat.

Einleitung

WUSSTEST DU?

Welche Katze am ältesten wurde, ist nicht unumstritten. Eine weibliche Tigerkatze namens *Ma* wurde im Alter von 34 Jahren im November 1957 in Drewsteignton, Devon, England eingeschläfert. Es wird aber behauptet, daß *Puss*, eine in Devon lebende Tigerkatze, im November 1939 am Tag nach ihrem 36. Geburtstag starb.

Lebenserwartung

Realistisch kann der Käufer eines kleinen Kätzchens erwarten, daß sein neues Haustier etwa 15 bis 16 Jahre alt wird. Für eine Familie mit kleinen Kindern bedeutet dies, daß die Katze gemeinsam mit den Kindern aufwächst, bis diese nahezu erwachsen sind und möglicherweise dann das Haus verlassen. Viele umfangreiche Bücher wurden schon über die lebenslange Betreuung von Katzen geschrieben. Dieses Buch hat sich in erster Linie zum Ziel gesetzt, Ratgeber für den Besitzer einer neu gekauften Katze zu sein, konzentriert sich vorwiegend auf Betreuung und Pflege von Katzen in ihrem ersten Lebensjahr.

Katzen sind unwiderstehlich. Du mußt aber bereit sein, Deine Hauskatze über ihr ganzes Leben ordentlich zu pflegen und zu betreuen.

Kauf einer Katze

Die erste Entscheidung, die Du treffen mußt, lautet Rassekatze oder *ein Kind der Liebe!* Bevorzugst Du eine hochgezüchtete Katze, solltest Du Dich nach einem guten Züchter umsehen. Die verschiedenen Katzenzuchtorganisationen beraten Dich gerne! Möglicherweise kann Dir auch Dein Tierarzt einen guten Hinweis geben. Vorsicht bei Massenzüchtern! Die Katzenzucht ist eine sehr zeitaufwendige Liebhaberei, man muß dem Verkäufer voll vertrauen können!

Die Auswahl unter den Rassekatzen ist in erster Linie eine Frage des persönlichen Geschmacks - es kommt darauf an, welche Merkmale einer bestimmten Rasse Dich besonders ansprechen. Man sollte sich aber auch bewußt sein, daß ähnlich wie fein abgestimmte, sorgfältig konstruierte sportliche Autos auch Rassekatzen zusätzliche Fürsorge und Betreuung fordern. Meist ist auch ihre Haltung etwas teurer und - man muß mit einem um einiges höher liegenden Kaufpreis rechnen.

WUSSTEST DU?

Perserkatzen sind die populärste Katzenrasse, dicht gefolgt von der Siamkatze.

BUCHEMPFEHLUNG

Roger Tabor
KATZEN
Die Überlebenskünstler
Das Buch zur BBC- und PRO SIEBEN-Fernsehserie: Der Siegeszug der Katze!
192 Seiten, 44 Farbfotos, 74 Schwarzweißfotos
DM 49,80 / SFr 47,80
ÖS 364,--

***Die Mehrheit der Katzenliebhaber wählen ihre Katzen aus den* Kindern der Liebe!**

Kauf einer Katze

BUCHEMPFEHLUNG

Kynos Heimtiere:
David Alderton
1 x 1 DER KATZEN-HALTUNG
Umfassender, reich illustrierter Leitfaden über Auswahl, Haltung, Fütterung und Pflege der Katze.
120 Seiten, 120 erstklassige Farbfotos, 60 Illustrationen.
DM 26,-- / SFr 25,--
ÖS 190,--

Die richtige Wahl

Die überwiegende Mehrheit der Katzenliebhaber entscheidet sich für die gute, altmodische Mischlingskatze. Es gibt sie in einer großen Vielfalt von Fellfarben und meist sind sie kurzhaarig. Es gibt aber auch einige mit halblangem oder langem Fell. Einige sind Kreuzungen zwischen Rassekatzen und Nichtrassekatzen - zuweilen auch Kreuzungen verschiedener Rassekatzen untereinander. Auf diese Art entstanden einige neue Rassen, beispielsweise die *Burmilla,* eine Kreuzung zwischen *Chinchilla* und *Burmakatze.* Suchst Du weitere Informationen über Rassekatzen, solltest Du ein gutes Katzenbuch kaufen, beispielsweise *David Alderton 1 x 1 DER KATZEN-HALTUNG* - oder eine interessante Katzenausstellung besuchen.

Ein Wurf Perserkätzchen.

Viele Katzenliebhaber finden ihr neues Kätzchen bei einem Freund oder Verwandten, deren Katze unbeabsichtigt tragend wurde. Und ein kleines Kätzchen aus Privathand, liebevoll aufgezogen, hat sehr gute Chancen, eine liebenswerte, angenehme Hauskatze zu werden.

Bei dem Kauf von Katzen spielen auch Tierheime eine große Rolle. Ein Besuch ist immer zu empfehlen.

Welches Alter

Verantwortungsbewußte Züchter bestehen darauf, ihre Kätzchen solange zu halten, bis die Schutzimpfung abgeschlossen ist, also meist bis etwa zum Alter von 12 Wochen. Wenn aber das kleine Kätzchen nicht in ein Umfeld kommt, wo besonders hohe Ansteckungsgefahr gegeben ist, empfehle ich, Kätzchen nach der vollständigen Entwöhnung, wenn sie von ihrer Mutter unabhängig geworden sind, umzusetzen. Das Abgabealter liegt dann in der Regel bei sieben bis acht Wochen.

Kater oder Katze?

Die Geschlechter zu unterscheiden ist nicht besonders schwierig - um so erstaunlicher, wieviel Katzenkäufer sich irren. Wenn Du dabei die Kätzchen im Wurf miteinander vergleichst, ist es noch einfacher - es sei denn, alle wären von gleichem Geschlecht! Die Kätzin (*Queen*) besitzt eine vertikale, schlitzförmige Genitalöffnung direkt unter dem After. Beim Kater (*Tom*) sind die Öffnungen rund, liegen weiter auseinander. Mit zunehmendem Alter sieht man beim Kater die sich entwickelnden Hoden im Bereich zwischen After und Präputium, wobei die Haut den Penis verdeckt.

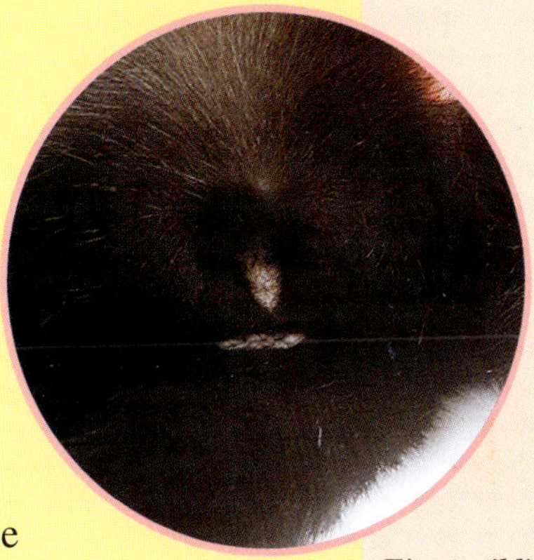

Eine weibliche Katze.

Ein Kater.

Kauf einer Katze

Merkmale einer gesunden Katze

Nach Möglichkeit solltest Du Dir immer einen ganzen Wurf von Kätzchen ansehen, beobachten, wie sie miteinander zurechtkommen. Dein Kätzchen sollte munter und selbstbewußt sein, sich von Fremden wenig beeindrucken lassen. Mache nicht den Fehler, den Kümmerling aus dem Wurf auszuwählen, einfach weil er Dir leid tut - andernfalls könnte Dich der Kauf bald reuen, zahlreiche Probleme mit sich bringen.

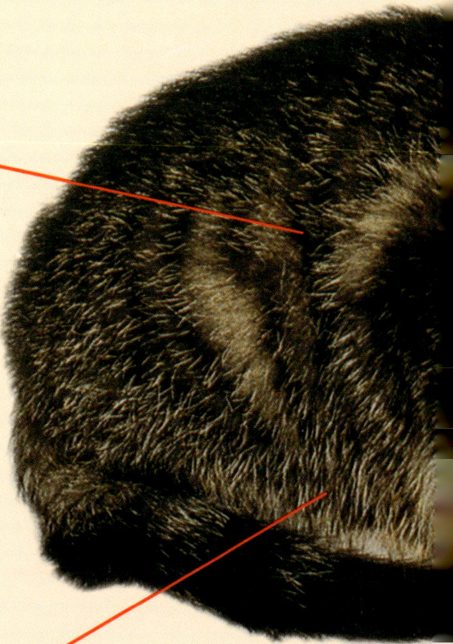

Atmung:
Regelmäßig und leicht. Mühseliges Atmen könnte ein Hinweis auf Infektionen der Atemwege sein.

After:
Wundsein oder Verschmutzung um den After ist meist ein Hinweis auf Erkrankung an Durchfall.

Bauchpartie:
Ein gesundes Kätzchen sollte nicht übertrieben dünn sein. Ein aufgetriebener Bauch ist meist Anzeichen einer Erkrankung oder von starkem Wurmbefall.

Haut:
Ein Kätzchen sollte sich immer selbst das Fell pflegen. Achte auf Parasiten, beispielsweise Flöhe, Läuse oder Räudemilben.

Ohren:
Sauber und gesund riechend. Anormaler Ausfluß, dumpfer Geruch, Entzündungen oder Anzeichen von starkem Juckreiz deuten auf Störungen hin.

Augen:
Leuchtend und klar. Achte auf Augenausfluß oder Entzündung der Bindehaut rund um die Iris.

Nase:
Sauber und frei von Ausfluß.

Maul:
Schaue der Katze ins Maul, ob das Zahnfleisch und die Innenhaut des Mauls entzündet sind.

BUCHEMPFEHLUNG

J. M. Evans & K. White
CATLOPAEDIA
Das große 1 x 1 der Katzenhaltung
Einführungsbuch für den Anfänger, Nachschlagewerk für den Experten. Immer sehr empfehlenswert! 212 Seiten, viele Tabellen
DM 42,-- / SFr 39,80
ÖS 307,--

Vorbereitungen

WUSSTEST DU?

Katzen können Asthmaerkrankungen bei Menschen verschlimmern. Regelmäßiges Baden der Katze entfernt getrockneten Speichel, den die Katze bei der Fellpflege hinterläßt. Das Protein in diesem Speichel ist es, was allergische Reaktionen auslöst.

Am besten kauft man die Ausstattung immer, ehe man das Kätzchen ins Haus holt, damit vermeidet man auch Panikkäufe in letzter Minute. Du brauchst dabei gar nicht sehr viel Geld auszugeben - oft ist die einfachste Ausstattung auch die beste.

Katzenträger

Das erste Ausrüstungsstück ist meist ein Träger, damit man die Katze bequem und sicher transportieren kann. Achte darauf, den Träger groß genug für eine ausgewachsene Katze zu wählen - andernfalls steht bald ein zweiter Kauf ins Haus. Meide Korbträger, die oft schlecht zu verschließen sind, bei Verunreinigung läßt sich Korbgeflecht auch nicht gut reinigen.

Plastikträger sind immer eine gute Wahl. Läßt sich der Träger oben öffnen, kann man die Katze leichter herausnehmen als bei einer Tür an der Vorderseite. Bei einigen sich nach vorne öffnenden Trägern gibt es einen seitlichen Schnellverschluß, so daß man das Oberteil abheben kann. Als Bodendecke für den Träger solltest Du synthetisches Material kaufen. Alte Zeitungen und ein Stück Tuch tun aber im Alltagsgebrauch auch gute Dienste.

Achte darauf, daß der Träger groß genug ist, um die ausgewachsene Katze aufzunehmen.

Katzenlager

Katzenträger, die in zwei Hälften geteilt werden können, eignen sich auch für Dein Kätzchen als Katzenbett. Der Vorteil dabei liegt darin, daß Deine Katze nicht immer wegläuft und sich versteckt, wenn sie den Katzenträger sieht, glaubt, daß dieser immer in Zusammenhang mit einem Besuch beim Tierarzt oder der Einlieferung in eine Katzenpension steht.

Es gibt eine Vielzahl sehr attraktiver und ansprechender Katzenlager, in der Form von Autos, Telefonzellen und vielen anderen Gegenständen. Aber es lohnt sich wirklich nicht, viel Geld in das Katzenlager zu investieren. Im allgemeinen hat Dein Kätzchen durchaus seine eigene Meinung darüber, wo es tatsächlich schlafen möchte. Ein oben abgeschlossener, kräftiger Karton, seitlich ein Loch ausgeschnitten, innen ein weiches Laken, bewährt sich hervorragend. Der Vorteil ist - bei Verschmutzungen kann er leicht ausgewechselt werden.

WUSSTEST DU?

Das Schwergewicht unter den Hauskatzen in der ganzen Welt war der gestromte Kater *Himmy;* als er 1986 starb, wog er 21,3 Kilo. Das Durchschnittsgewicht einer Hauskatze liegt bei etwa 4 Kilo.

Einen Katzenträger kann man zuweilen teilen, so daß das Unterteil als Katzenlager Einsatz findet.

Katzenklo

Ganz oben auf der Prioritätenliste steht das Katzenklo, denn das Kätzchen sollte nicht ins Freie, ehe die Schutzimpfung voll wirksam ist. Auch hier muß man eine vernünftige Größe wählen, groß genug, um auch für die ausgewachsene Katze brauchbar zu sein. Schlecht wäre aber ein zu hoher Rand, über den das kleine Kätzchen nur schwer klettern kann.

Viele Katzenbesitzer bevorzugen ein oben geschlossenes Katzenklo. Auch viele Katzen scheinen sich durch das Dach zusätzlich sicher zu fühlen.

Katzenstreu

Dem richtigen Katzenstreu kommt ein besonderer Stellenwert zu. Es gibt ein breites Angebot führender Hersteller, viele haben dem Streu desodorierende Stoffe beigefügt. Wichtig ist, das Katzenklo sauber zu halten, andernfalls wird das Kätzchen es nicht annehmen. Mit einem kleinen Schäufelchen kann man verunreinigtes Streu herausnehmen. Zusätzliche Wegwerfeinsätze, welche die Betreuung des Katzenklos vereinfachen, erhält man beim Zoofachhandel.

Futterschüsseln

Futterschüsseln sollte man immer nach Zweckmäßigkeit auswählen. Schwere Porzellanschüsseln sind praktischer als Plastikschüsseln, sie können nicht so leicht umgeworfen werden, lassen sich auch besser reinigen. Katzen brauchen getrennte Schüsseln für Futter und Wasser. Auch wenn Katzen nicht viel trinken, müssen sie immer Zugang zu frischem Wasser haben. Bei Büchsenfutter sollte der Löffel ausschließlich für Tierfutter da sein.

Kämme und Bürsten

Hast Du langhaarige Katzen, beginne am ersten Tag mit der Pflegeroutine, selbst wenn es noch nicht zwingend notwendig ist. In Familien lebende Katzen pflegen sich gegenseitig, dies ist eine wichtige Form ihres Sozialkontakts. Wenn Du ein Kätzchen bekommst, das hiermit von früher Jugend an gute Erfahrung hat, wird die Pflege auch im weiteren Leben angenehm verlaufen.

Bürsten lassen Verknotungen im Fell oft stehen, nach meiner Erfahrung lassen sie sich durch einen feinzahnigen Kamm besser lösen. Benutze die Pflegezeit, um Dein Kätzchen auch gründlich zu kontrollieren, achte dabei insbesondere auf alle Merkmale, die man bei gesunden Kätzchen erwartet.

WUSSTEST DU?

Eine in Bonham, Texas, USA in den 1940er Jahren gehaltene gestromte Katze namens *Dusty* gebar über ihr Leben insgesamt 420 kleine Kätzchen. Es muß ihr sehr schwer gefallen sein, sich genau an den richtigen Geburtstag ihrer Kinder zu erinnern!

Langhaarkatzen wie diese Perser brauchen regelmäßige Fellpflege.

Vorbereitungen

Spielzeug

Tierbesitzer sehen sich immer versucht, ihre Kätzchen mit Spielzeug zu überhäufen, dabei ist oft das einfachste das beste. Dein Kätzchen kann sich stundenlang mit einem Tischtennisball oder einer leeren Fadenrolle vergnügen. Achte unbedingt darauf, daß jedes Spielzeug sicher ist - beispielsweise darf man einem Kätzchen nie erlauben, Wolle anzukauen oder herunterzuschlucken.

Kratzbaum

Um die Krallen Deiner Katze funktionsftüchtig zu halten, braucht sie einen Kratzbaum. Katzenkrallen nutzen sich nicht wie Hundekrallen ab, vielmehr wird immer der äußere Überzug abgelöst, um eine darunterliegende Schicht freizugeben. Aus diesem Grund ist es auch nicht möglich, routinemäßig Katzenkrallen zu kürzen. Einiges Katzenspielzeug und Kratzbäume sind mit Katzenminze imprägniert, einer Pflanze, die für viele Katzen besonders attraktiv ist.

Soll Dein Kätzchen voll im Haus leben, kannst Du sogar für Katzen in der Wohnung eine Art *Cat-aerobiccenter* einrichten - also eine Art eigenes *Fitneßcenter.*

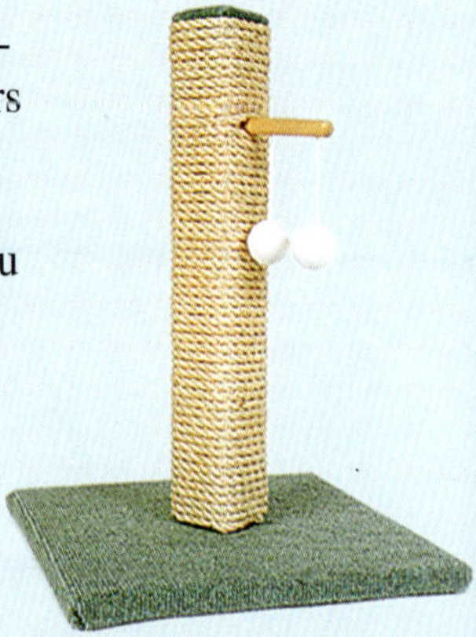

WUSSTEST DU?

Als Zeichen ihrer Trauer rasierten sich die alten Ägypter, wenn eine ihrer Katzen starb, ihre Augenbrauen ab.

Halsband

Katzenhalsbänder haben wenig Sinn, solange die Katze im Haus gehalten wird. Darf sie aber umherwandern, werden Halsband und Erkennungsmarke doch wichtig. Entweder braucht ein solches Halsband einen elastischen Teil oder eine Schnellöffnung, die auf stärkeren Zug das Band öffnet, so daß das Kätzchen sich befreien kann, wenn es sich irgendwo verfangen hat. Dieses Halsband muß eng genug angelegt werden, daß die Katze es nicht abstreifen kann, aber dennoch so locker, daß man mit zwei Fingern darunter greifen kann. Die Paßform muß regelmäßig kontrolliert werden, um sicherzustellen, daß mit dem Wachstum das Halsband nicht zu eng wird.

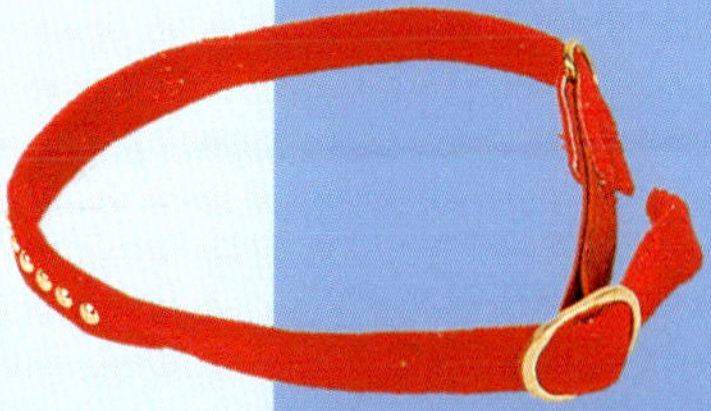

Katzenhalsbänder müssen ein elastisches Teil oder eine Spezialöffnung haben.

Katzenklappe

In den Anfangszeiten ist es besser, Kommen und Gehen des Kätzchens zu kontrollieren, für ältere Katzen wird eine Katzenklappe um so wertvoller. Einige dieser Klappen öffnen sich nur, wenn die Katze ein magnetisches Spezialhalsband trägt. Dadurch hält man sich unerwünschte Besucher aus dem Haus.

WUSSTEST DU?

***Kitty* lebte in Croxton, Staffordshire, England. Sie gebar über ihr Leben 218 Jungkatzen, die letzten zwei wurden von Kitty im Alter von 30 Jahren geboren. Sie starb kurz vor ihrem 32. Geburtstag.**

Fütterung

WUSSTEST DU?

Im Jahre 1970 entstand in Kingham, Oxfordshire von einer Burma- und Siamkatze ein Wurf mit 19 Kätzchen. Erstaunlicherweise haben 15 dieser Kätzchen überlebt.

Nach Möglichkeit sollte man plötzliche Futterumstellungen vermeiden, insbesondere über die ersten Tage, wenn sich das Kätzchen eingewöhnt. Du solltest Dich erkundigen, womit Deine Katze bisher gefüttert wurde - zunächst keine Änderungen vornehmen. Denke daran - Jungkätzchen fressen wenig und oft.

Komplettfutter

Nach Möglichkeit solltest Du Dein Kätzchen mit einem ausgewogenen Komplettfutter ernähren, als Grundnahrung ist dies zuverlässiger. Komplettnahrung ist eigens so zusammengesetzt, daß Katzen alles bekommen, was sie zum Heranwachsen brauchen. Es kommt darauf an, daß die Fütterung ausgewogen ist. Komplettkatzennahrung erhält man entweder in Büchsen oder als Trockenfutter, nach meiner Meinung sind beide ernährungsmäßig gesehen voll befriedigend. Komplettfutter von Premiumqualität als Trockenfutter erscheint aber billiger und auch in der Fütterung bequemer. Muß man tagsüber das Kätzchen allein lassen, kann es sich beliebig selbst bedienen. Büchsenfutter wird schneller schlecht, insbesondere bei warmer Witterung, es ist auch weniger sauber und erweist sich aufgrund seiner Verpackung vergleichsweise als teurer.

Kätzchen scheinen mit Trockenfutter schon überraschend früh zurechtzukommen. Wenn notwendig, kann

Komplettfutter bietet alle Nährstoffe, die Dein Kätzchen braucht.

man Trockenfutter aber auch mit etwas warmem Wasser oder Brühe einweichen.

Wenn die Kätzchen heranwachsen, verändert sich auch ihr Anspruch an die Nahrung, entsprechend sollte man von Jungtiermischungen auf Erwachsenenfütterung umstellen. In ihrem weiteren Leben könnte es zweckmäßig sein, zur Vermeidung von Dickleibigkeit bei weniger aktiven Katzen erneut umzustellen. Erfahrene Züchter und Tierärzte beraten Dich gerne, welches Futter sich besonders für den augenblicklichen Entwicklungsstand Deiner Katze eignet.

Bis zur endgültigen Eingewöhnung sollte man keine Nahrungsumstellung vornehmen.

Hausmannskost

Natürlich kannst Du auch Deine Fütterung auf frischem Fleisch aufbauen. Dabei ist es aber wichtig, dem Kätzchen eine breite Vielfalt von Futtermitteln anzubieten, damit keine Mangelerscheinungen entstehen. Auch die Beigabe einer ausgewogenen Mineral- und Vitaminmischung hilft dabei, aber vorsichtig, nie zuviel, Überschuß kann genauso schädigend sein wie Mangel.

WUSSTEST DU?

Die Katzenverfolgung im Mittelalter führte dazu, daß sich die Rattenbevölkerung vervielfachte. Rattenflöhe waren Auslöser der Pest, die alleine im Jahre 1625 in London 35.000 Menschen das Leben kostete.

Fütterung

WUSSTEST DU?

Alle Rexkatzen in Cornwall - eine sehr populäre Rasse mit sehr kurzem, gelocktem Fell - stammen von einer einzigen Katze namens *Kallibunker*, 1950 in Cornwall geboren.

Keine Vegetarier!

Katzen sind eindeutig Fleischfresser. Dies bedeutet, daß sie abweichend von Menschen und anderen Tieren - auch Hunden - die Fähigkeit verloren haben, aus vegetarischer Nahrung alle Nährstoffe zu entnehmen, die sie brauchen. Aus diesem Grund darf man nie versuchen, Katzen rein vegetarisch zu füttern - schwere Krankheiten wie Herzversagen oder Blindheit könnten die Folge sein.

Trotzdem lieben es viele Katzen, von Zeit zu Zeit auch Pflanzen zu fressen. Vorsicht - Hauspflanzen können giftig sein - deshalb wird empfohlen, in einem Blumentopf im Haus etwas Gras heranzuziehen, falls Dein Kätzchen ein *Graskauer* ist und vorwiegend im Haus lebt.

Flüssigkeit

Katzen müssen immer Zugang zu frischem Wasser haben, es besteht keine Notwendigkeit für junge Kätzchen, Milch zu trinken. Kleine Mengen sind recht gut, zuviel jedoch wird zwangsläufig Magenstörungen auslösen. Dies liegt daran, daß Kätzchen Laktose (Milchzucker) nicht besonders gut verdauen, im Darm kommt es zur Gärung. Spezialkatzenmilch ohne Laktose ist verfügbar, diese kann man Kätzchen unbesorgt anbieten, wenn sie viel lieber Milch als Wasser haben möchten.

Erziehung

Stubenreinheit

Ihr gebührt erste Priorität, wenn das kleine Kätzchen ins Haus kommt. Stelle das Katzenklo auf, wo es leicht zugänglich ist, es muß ein Platz sein abseits von allgemeinem Trubel und Geschäftigkeit. Wenn Du Dein Kätzchen beobachtest, wie es nach einem geeigneten Plätzchen umherschnuppert, besonders nach den Mahlzeiten - solltest Du es ins Katzenklo setzen. Stubenreinheit wird bei Kätzchen leicht erreicht. Wichtig ist aber, die Einstreu sauber zu halten, andernfalls wird das Kätzchen das Katzenklo nicht benutzen.

Hausordnung

Kätzchen sind anders als junge Hunde - nur wenige lernen, Kommandos zu befolgen. Trotzdem kannst Du von früher Jugend an damit beginnen, eine *Hausordnung* festzulegen. Die beste Lernmethode ist sehr viel Bestätigung - positive Verstärkung guten Verhaltens durch Belohnungen.

Dann und wann wirst Du Dein Kätzchen für falsches Verhalten strafen müssen - beispielsweise wenn es ein Elektrokabel ankaut, was sehr gefährlich werden kann. Ein Besprühen mit der Wasserpistole oder einer Sprühflasche sind schnell und wirksam - Deinem Kätzchen wird es recht unangenehm sein, aber es kann ihm nichts schaden. Du mußt das Kätzchen *auf frischer Tat* erwischen, damit es seine *Missetat* mit der Bestrafung verbindet. Dabei soll Dein Tier gar nicht merken, daß der Wasserstrahl von Dir kommt. Andernfalls würde es sich auch dann wieder falsch verhalten, wenn Du nicht in der Nähe bist.

WUSSTEST DU?

Es gibt etwa 3.000 verschiedene Floharten ringsum auf der Welt.

Stelle eine feste **Hausordnung** *auf,so daß Dein Kätzchen schnell lernt, was erlaubt ist und was verboten.*

Erziehung

Gebrauch der Katzenklappe

Anfänglich könnte Dein Kätzchen zögern, die Katzenklappe zu benutzen, wichtig ist, ihm Selbstvertrauen zu geben. Am leichtesten geht es, wenn man die Klappe hochhält, mit schmackhaften Leckerbissen das Tier lockt. Viele Katzen bevorzugen eine transparente Katzenklappe, die ihnen Durchsicht ermöglicht.

Leinenerziehung

Einige Katzen gewöhnen sich daran, an der Leine zu gehen. Wichtig ist dabei, in sehr frühem Alter mit der Erziehung zu beginnen. Hat sich das Kätzchen erst einmal an ein Halsband gewöhnt, wird einfach eine Leine daran befestigt, läßt man es damit ungestört laufen, wohin es möchte. Am besten erfolgen diese Übungen im Haus. Wenn Dein Kätzchen sich an die nachhängende Leine gewöhnt hat, mußt Du sie aufnehmen und die Katze wieder ihren Weg gehen lassen. Durch kleine Leckerbissen kannst Du jetzt Dein Kätzchen ermuntern, mit Dir zu gehen. Alle Übungszeiten müssen kurz gehalten werden, viel Ermunterung enthalten. Du solltest Dich nicht mit der angeleinten Katze auf die Straße trauen, ehe Du wirklich sicher bist, daß das Tier sich an die Leine völlig gewöhnt hat.

Mit Geduld kannst Du Deiner Katze beibringen, an der Leine spazieren zu gehen.

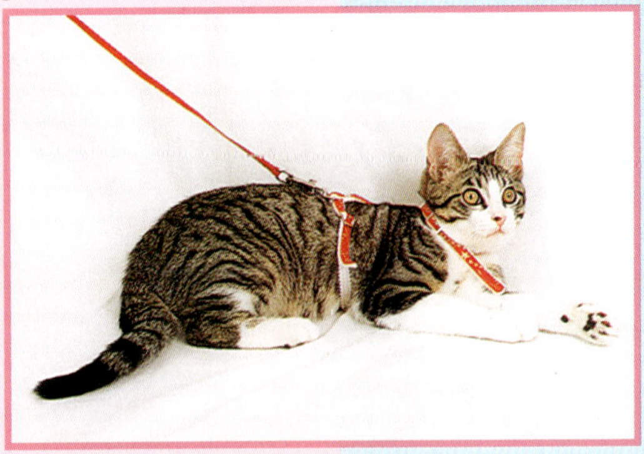

Katzenpflege

Die meisten Tierärzte raten, die Katze sich erst einige Tage an das neue Zuhause gewöhnen zu lassen, ehe die Schutzimpfung durchgeführt wird. Auf Wunsch führt der Tierarzt natürlich auch direkt nach dem Kauf eine Gesundheitskontrolle durch.

Bei der Schutzimpfung sollte Dein Tierarzt auch die Gesundheit des Tieres mit überprüfen.

Schutzimpfungen

Allgemein wird empfohlen, Katzen gegen Feline Enteritis (Darmentzündung), Katzenschnupfen und Katzenleukämie impfen zu lassen. Dies alles sind zuweilen tödlich ausgehende Viruserkrankungen. Der genaue Zeitpunkt der Impfung ist abhängig von dem benutzten Vakzin. Am häufigsten wird die erste Impfung etwa mit neun Wochen, die zweite drei Wochen danach durchgeführt. Manchmal fühlt sich ein Kätzchen über die ersten 24 Stunden nach der Injektion etwas schlapp, meist sind aber überhaupt keine äußeren Nachwirkungen zu erkennen.

Der Besuch beim Tierarzt ermöglicht nicht nur eine umfassende Gesundheitskontrolle, man sollte auch bei dieser Gelegenheit alle interessierenden Fragen über Haltung und Pflege besprechen. Dein Tierarzt wird möglicherweise weitere Aspekte der Gesundheitsvorsorge ansprechen, denn es ist immer besser, Krankheiten zu verhüten als Probleme abzuwarten.

WUSSTEST DU?

Im Jahre 1950 stellte ein vier Monate altes Kätzchen mit 4.478 Metern einen Höhenrekord auf, als es Kletterern auf den Gipfel des Matterhorns in den Schweizer Alpen nachfolgte.

Entwurmung

Wurde Dein Kätzchen nicht bereits beim Züchter entwurmt, solltest Du Dich vom Tierarzt beraten lassen. Es gibt zwei Wurmarten, die verbreitet Katzen befallen; Spulwürmer, die wie lange Fäden aussehen und Bandwürmer, die, wie ihr Name schon sagt, abgeflacht sind, aus vielen Bandwurmgliedern bestehen.

Spulwürmer treten bei Kätzchen sehr verbreitet auf, werden bereits von der Mutter auf die Kätzchen übertragen.

Bandwürmer sind bei Kätzchen weniger verbreitet. Nach ihrem Lebenszyklus benötigen sie erst einen Zwischenwirt, beispielsweise Flöhe oder Wildtiere, welche die Eier aufnehmen; entsprechend brauchen sie für ihre Entwicklung längere Zeit.

Glücklicherweise bedroht keine dieser Wurmarten ernsthaft die menschliche Gesundheit; in großer Zahl können sie aber die Entwicklung eines Kätzchens stark beeinträchtigen. In ganz schweren Fällen kann Spulwurmbefall für Katzen sogar tödlich ausgehen. Gute Wurmpräparate sind in der Anwendung einfach und sicher, sehr effektiv. Deshalb gibt es keinen Grund, sie nicht regelmäßig vorbeugend einzusetzen.

Flöhe

Bei Kätzchen ist es gar nicht ungewöhnlich, daß sie sechsbeinige Besucher mit nach Hause bringen. Auch wenn noch gar keine klaren Anzeichen von Flohbefall auftreten, solltest Du an Langzeitflohbekämpfung denken.

Lebenszyklus: Von ihrem Lebenszyklus verbringen Flöhe nur einen kleinen Teil im Fell einer Katze. Sie legen mehrere hundert Eier, welche von der Katze auf den Boden fallen, sich im ganzen Haus in Larven entwickeln. Bei Katzen wie Hunden sind *Katzenflöhe* die verbreitetste Ursache für Hauterkrankungen. Frühbekämpfungsmaßnahmen sind deshalb empfehlenswert.

Behandlung: Für junge Katzen können insektizide Produkte recht giftig sein, es ist äußerst wichtig, die Hinweise des Herstellers genau zu überprüfen, sich zu vergewissern, daß das Flohmittel für Kätzchen empfohlen ist. Glücklicherweise sind neue Veterinärprodukte entwickelt worden, die bei Kätzchen sowohl sicher wie wirksam sind.

Stellst Du fest, daß Deine Katze Flöhe ins Haus geschleppt hat, brauchst Du ein Bekämpfungsmittel gegen Flohbefall im Haus. Innerhalb kurzer Zeit kann man mit Insektiziden erwachsene Flöhe auf der Katze töten. Zur Langzeitbekämpfung kannst Du einmal monatlich Deinem Kätzchen ein Medikament geben, das in flüssiger Form oral eingegeben wird.

WUSSTEST DU?

Flöhe können etwa 118 mal höher als ihre Körpergröße springen. Das entspricht einem menschlichen Hochspringer, der über ein sechzig Stockwerke hohes Gebäude springt.

Katzenpflege

WUSSTEST DU?

Alle schildpattfarbenen Katzen sind weiblich. Es gibt nur sehr wenige Ausnahmen bei Katern, ausgelöst durch Chromosomenstörungen.

Dauernde Kennzeichnung

Die dauernde Kennzeichnung Deines Tieres ist, wenn es außerhalb der Wohnung umherstreifen darf, von großer Bedeutung. Gerade bei Jungkatzen kommt es häufig vor, daß sie verlorengehen oder verletzt werden. Ich habe bereits die Wichtigkeit eines elastischen Halsbandes und einer Identifikationsmarke hervorgehoben, es geschieht aber viel zu leicht, daß diese und die Katze voneinander getrennt werden. Deshalb solltest Du mit einem winzigen Mikrochip Dein Kätzchen auf Dauer identifizieren lassen, der Mikrochip wird im Nackenfell unter die Haut injiziert. Er trägt eine einmalige Nummer, die mit einem Spezialscanner gelesen werden kann.

Alle wichtigen Tierheime scannen heute routinemäßig Katzen, die ihnen anvertraut werden. Taucht die Nummer auf, können über einen Zentralcomputer Katzenbesitzer und alle Einzelheiten identifiziert werden.

Zahnpflege

Bei älteren Katzen sind Zahnprobleme verbreitet. Gewöhnst Du aber Dein Kätzchen bereits nach dem Zahnwechsel an Zahnpflege, treten im späteren Leben viele Störungen gar nicht erst auf. Zahnpflegekombinationen werden angeboten, enthalten enzymatische Katzenzahnpasta und weiche Bürsten. Durch Fütterung von trockenem Katzenfutter wird das Auftreten von Zahnerkrankungen reduziert.

Wenn Du schon bei der jungen Katze die Zähne pflegst, gewöhnt sie sich bald an diese Alltagsroutine.

Alleinelassen?

Wenn Du verreisen mußt, solltest Du rechtzeitig vorausplanen. Am besten holt man ein Kätzchen gar nicht erst ins Haus, wenn man in kürze auf längere Zeit nicht anwesend ist. Wenn sich die jungen Kätzchen über die ersten Monate gut entwickelt haben, kann man sie für einige Tage sich selbst überlassen, wenn man einen freundlichen Nachbarn findet, der zumindest zweimal täglich zur Fütterung und Kontrolle ins Haus kommt.

Alternativ sollte man eine Unterbringung in einer Tierpension vornehmen, gute Tierpensionen sind aber besonders zu Spitzenferienzeiten im voraus stark ausgebucht. Das Tierheim verlangt zu Recht einen Impfnachweis aus jüngerer Zeit über notwendige Schutzimpfungen.

WUSSTEST DU?

Das Alter eines Kätzchens genau zu bestimmen ist im allgemeinen schwierig, allerdings wechselt die Katze etwa mit fünf Monaten ihre Milchzähne zum zweiten Gebiß.

 Fruchtbarkeitskontrolle

Geburtenregelung

Besitzt Du zwei Katzen unterschiedlichen Geschlechts, darfst Du nicht davon ausgehen, sie paarten sich nicht, nur weil sie Bruder und Schwester sind. Junge Katzen haben keinerlei Skrupel, mit fünfeinhalb Monaten sind sie in der Regel geschlechtsreif. Die meisten Katzenbesitzer lassen ihre Tiere vor diesem Alter kastrieren, es sei denn, sie wollten mit ihrer Katze einmal Junge großziehen.

Es gibt schon viel zu viele Katzen, die ein gutes Zuhause suchen. Hast Du Wurfgeschwister, solltest Du diese keinesfalls miteinander paaren, sondern den Kater kastrieren lassen. Genießen Katzen freien Auslauf, werden sie zwangsläufig fremde Kater anziehen, sich mit ihnen paaren. Und wohin dann mit den Kleinen?

Der Kater

Kater zu kastrieren ist außerordentlich wichtig. Hiermit wird nicht nur die Katzenpopulation kontrolliert, nicht kastrierte Kater streunen auch weit umher, kämpfen bösartig untereinander um die Katzen, versuchen ein Territorium so groß wie möglich zu erobern. Sie markieren meist ihr Territorium - möglicherweise auch Dein Zuhause - mit ihrem außerordentlich durchdringend riechenden Urin. Bei der Kastration werden die Hoden chirurgisch entfernt.

Die Katze

Keinesfalls sollte man seine Katze sich paaren lassen, weil es gut für sie wäre - es gibt keinerlei gesundheitliche Vorteile! Und die Kastration, eine Notwendigkeit, damit sie nicht dauernd Kätzchen bringt, läßt sich etwa im Alter von fünf Monaten leichter durchführen, hat weniger Risiken als später. Die Operation erfolgt in Vollnarkose, meist werden durch einen kleinen Einschnitt in der Flanke Eierstöcke und Gebärmutter entfernt.

Verbreitete Krankheiten

Wenn Deine Katze unwohl erscheint, solltest Du grundsätzlich den Tierarzt um Rat bitten. Gerade junge Katzen haben keine großen Energiereserven, können - wenn nicht behandelt - sehr schnell schwach werden. Dieses Kapitel schildert die verbreitetsten Erkrankungen, die besonders Jungkatzen befallen, macht auf Merkmale aufmerksam, die Du besonders beachten solltest.

Katzenschnupfen

Eine verbreitete Infektion der oberen Atemwege, meist durch ein oder zwei Viren ausgelöst. Zu den Anzeichen gehören Niesen, Ausfluß aus Augen und Nase, Geschwüre im Maul, Bindehautentzündung, allgemeine Lethargie und Appetitverlust. Glücklicherweise haben Schutzimpfungen das Auftreten dieser Krankheit stark vermindert. Bei einer schweren Infektion von Jungkatzen bedarf es aber ausgiebiger Pflege, damit sie überleben.

Verdauungsstörungen

Bei Jungkatzen sind Magenverstimmungen recht häufig. Milde Fälle behandelt man durch Fastenlassen über 24 Stunden, danach erhält die Katze eine leichte Diät, etwa gekochtes Huhn mit Reis - wenig und oft. Wenn Dein Kätzchen wiederholt erbricht, Blut ausscheidet oder die Krankheit nicht innerhalb von ein oder zwei Tagen besser wird, bedarf es tierärztlicher Behandlung. Katzenseuche *(Parvovirusinfektion)* ist eine sehr ernsthafte Virusinfektion, die unter anderem akutes Erbrechen und Durchfall auslöst. Dank sehr wirksamer Impfstoffe ist diese Krankheit heute recht selten geworden.

Verbreitete Krankheiten

Ohrmilben

Ohrmilben sind bei jungen Kätzchen, die häufig von ihrer Mutter infiziert werden, sehr verbreitet. Diese winzigen achtbeinigen Tiere leben tief im Gehörgang, ernähren sich von Ohrenschmalz. Der von ihnen ausgelöste Juckreiz produziert eine Menge dunkles Ohrenschmalz. Jede Art von Behandlung muß zumindest über drei Wochen fortgesetzt werden, um alle Eier, die vorhanden sein können, abzutöten.

Katzenleukose

Dieses Virus kann eine Reihe von Krankheiten auslösen, beeinträchtigt das Immunsystem, so daß eine *AIDS-ähnliche Erkrankung* auftritt, mit Anaemie (Mangel roter Blutkörperchen) oder selbst Krebs. Ist diese Infektion erst einmal ausgebrochen, kann das Virus mit keinem Mittel abgetötet werden. Aber es gibt einen Impfstoff zur Vorbeugung.

FIV-Infektion

Dies ist ein anderes Virus, das bei Katzen eine AIDS-ähnliche Erkrankung auslöst, glücklicherweise haben sich beide für Menschen nicht als ansteckend erwiesen. Das Virus wird vorwiegend durch Beißen und Raufen übertragen, tritt bei jungen Katern recht verbreitet auf. Die Auswirkungen, die es hat, sind verschiedenartig, es ist aber häufig mit chronischer *Gingivitis (Zahnfleischentzündung)* verbunden.

Jedes kranke Kätzchen, das auf Behandlung nicht anspricht oder immer wieder Rückfälle erleidet,

sollte durch eine Blutuntersuchung auf Katzenleukose und FIV untersucht werden.

Bauchfellentzündung (FIP)

Eine andere bei Jungkatzen verbreitete Viruserkrankung. Fest steht, viele Katzen, die diesen krankheitsauslösenden Viren ausgesetzt sind, erkranken nicht. Besonders verbreitet ist die Krankheit bei *Vielkatzenhaushalten,* wo mehrere Katzen das Katzenklo teilen, was große Ansteckungsgefahren mit sich bringt. In ihrer verbreitetsten Form führt diese Krankheit zu einer Flüssigkeitsansammlung in Brust und Bauch. Sie ist unheilbar!

Verletzungen

Ihre Neugier bringt kleine Katzen häufig in schwierige Situationen. Katzen sind zwar ziemlich widerstandsfähig, trotzdem sind Knochenbrüche, Verbrennungen, Stiche und andere Mißgeschicke nicht ungewöhnlich. Leider werden Katzen nur zu häufig Opfer von Verkehrsunfällen, nach denen meist über längere Zeit tierärztliche Betreuung notwendig ist. Diese Tatsache sollte man sich immer vor Augen halten, wenn man seiner Katze in verkehrsreicher Gegend freien Auslauf gibt.

Verbreitete Krankheiten

Hauterkrankungen

An der Spitze der Hitliste von Hautparasiten stehen bei Katzen eindeutig Flöhe. Auch wenn Du keine ausgewachsenen Flöhe siehst, entdeckst Du zuweilen kleine, dunkle Ansammlungen von Flohausscheidungen auf dem Lager und im Fell. Weitere unangenehme Parasiten sind Läuse, sie leben über ihr gesamtes Leben auf der Katze, kleben ihre Eier an die Katzenhaare. Weiter trifft man auf winzige Fellmilben, die auf der Hautoberfläche leben, Juckreiz und starke Schuppenbildung auslösen. Mit *Ringworm* bezeichnet man eine Pilzinfektion des Fells, es entstehen kahle, verkrustete Flecken, insbesondere rund um den Kopf. Diese Pilzerkrankung kann auch auf Menschen übertragen werden.

Toxoplasmose

Dieser einzellige Parasit lebt im Eingeweide der Katze, verursacht nur selten mehr als leichten Durchfall. Wichtig daran ist aber, daß diese Erkrankung immungeschädigten Menschen schaden kann, beispielsweise Menschen, die sich krebsbedingt Chemotherapien unterziehen; auch der nicht geborene Fötus einer schwangeren Frau kann infiziert werden. In diesen Fällen muß ein anderes Familienmitglied die regelmäßige Reinigung der Katzentoilette übernehmen. Weiterhin sollte man bedenken, daß rohes oder nicht durchgebratenes oder zu kurz gekochtes Fleisch gleichfalls eine Infektionsquelle für Menschen darstellt.

WUSSTEST DU?

Queen Victoria war Besitzerin zweier Perserkatzen, sie hat viel dazu beigetragen, die Popularität von Rassekatzen zu steigern.

Wunden

Wenn eine Katze heranwächst, ist es immer wahrscheinlich, daß sie in Kämpfe mit ihren Artgenossen verwickelt wird, die ihr Territorium verteidigen. Derartige Bißverletzungen infizieren sich häufig, bilden einen Abszeß. Wunden sollte man mit einer handwarmen Wasserlösung mit einem Teelöffel Salz auf einen halben Liter Wasser baden, aber in schweren Fällen braucht sie tierärztliche Behandlung. Vorsicht bei jedem Medikamentengebrauch für Katzen. Viele Arzneimittel, die für andere Tierarten völlig sicher sind, können für Katzen giftig sein. Selbst wenn diese Stoffe zur Haut- oder Fellpflege dienen, werden sie von Katzen schnell abgeleckt und hinuntergeschluckt. Im Zweifelsfall sollte man sich mit seinem Tierarzt beraten.

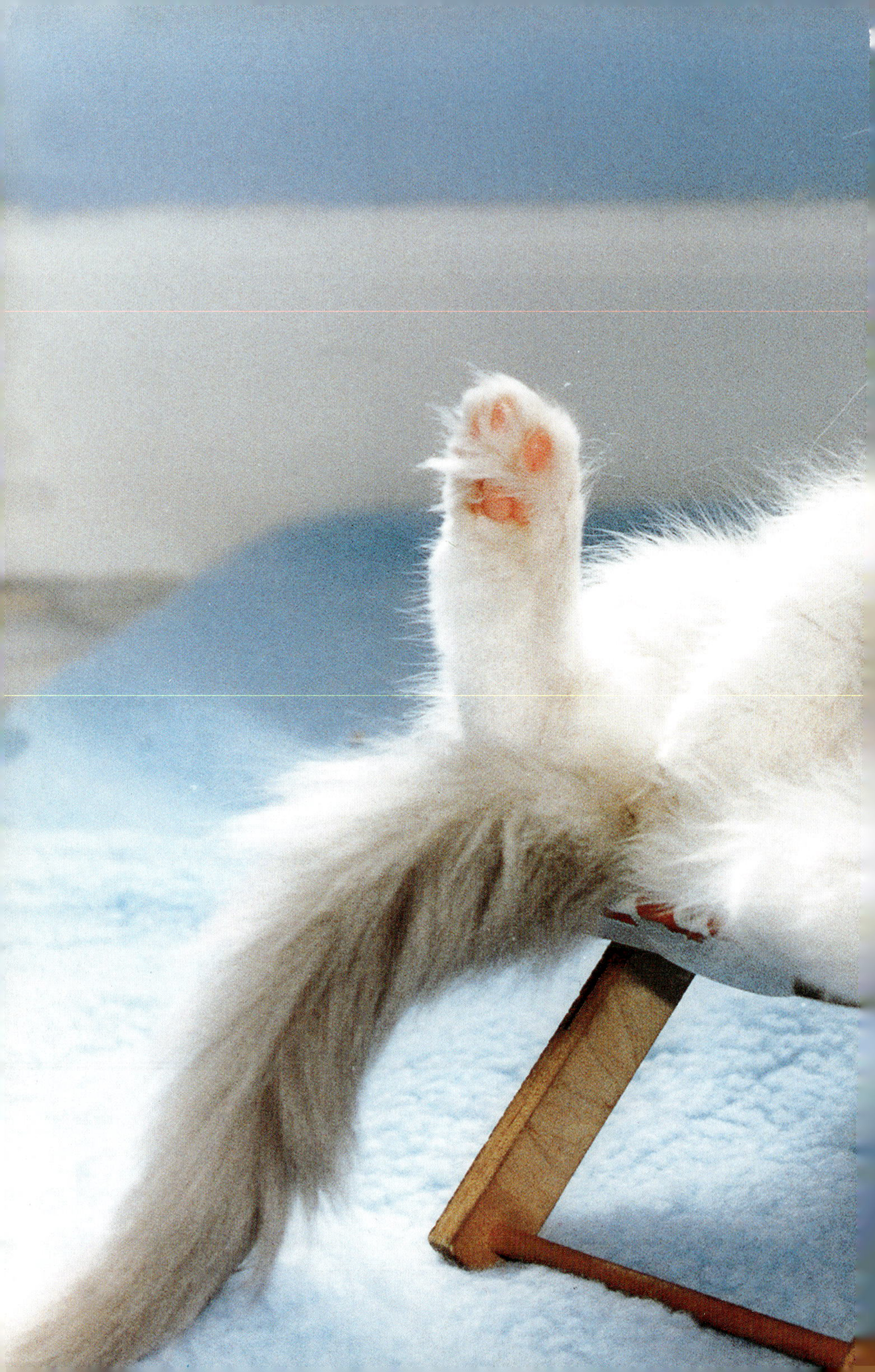